Tirage 200 exemplaires

Grégoire, le 18 [illegible]

[signature]

POLICE DE L'INDOCHINE

GUIDE

DES

AGENTS DE POLICE

DE LA VILLE DE CHOLON

A. MOUCHONIÈRE

SECRÉTAIRE DE POLICE

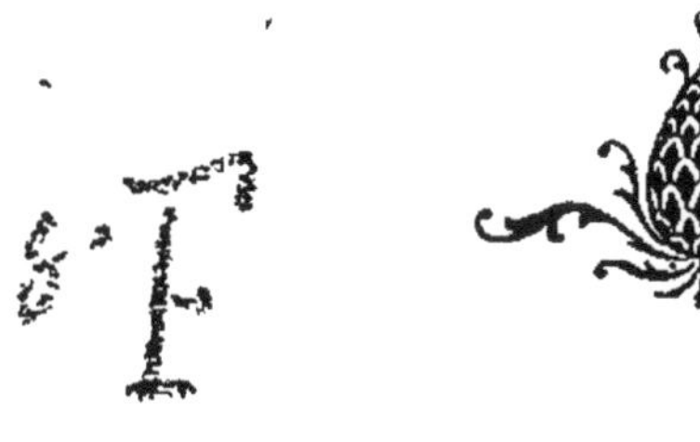

SAIGON

IMPRIMERIE DE L'UNION NGUYEN-VAN-CUA

1921

C.

RECOMMANDATIONS
AUX AGENTS DE POLICE
POUR L'EXÉCUTION DE LEUR SERVICE (1)

DEVOIRS GÉNÉRAUX

MISSION DES AGENTS DE POLICE. — Elle consiste à veiller au maintien de l'ordre, de la tranquillité et de la sécurité sur la voie publique. Les agents de police ne doivent jamais se livrer à des actes de violence ou à des écarts de langage. Il doivent concilier les exigences de leur service avec la protection due à chaque citoyen. Ils ne doivent ni trop défendre ni trop permettre, mais toujours veiller, ce qui n'exclut en aucun façon la fermeté nécessaire pour agir énergiquement quand un intérêt sérieux est menacé.

QUALITÉS NÉCESSAIRES. — L'homme chargé de faire respecter la loi doit commencer par se respecter soi-même. Il doit

---

donner l'exemple de l'obéissance due à l'autorité publique ; être de mœurs irréprochables, d'une probité intacte, avoir de la conduite, de la prudence, du zèle et de l'activité. Il doit se comporter de manière que le respect qu'il inspire pour sa mission annonce l'autorité en vertu de laquelle il agit. L'intelligence et la prudence doivent diriger sa surveillance, le zèle animer son autorité, le souci du bien public et de ses devoirs alimenter son courage.

Il doit, en outre, posséder une connaissance suffisante de la Ville et des règlements de police.

Vie privée. — Dans leur vie privée, les agents de police doivent se conduire aussi bien que dans leur service, de manière à mériter l'estime de tous par la régularité et la dignité de leur conduite.

Devoir envers l'Administration. — Les agents de police doivent tout leur temps à l'Administration. Ils peuvent donc être appelés à toute heure en dehors du service ordinaire et doivent toujours être prêts à répondre au premier signal.

Promptitude, Énergie. - Si l'exécution des lois et ordonnances et le maintien de la liberté et de la tranquillité sur la voie publique exigent, parfois, de la part des agents de police, une action prompte et énergique, ils doivent aussi, en dehors de ces cas, se montrer obligeants envers tous dans la limite des nécessités de leur service.

En toute circonstance, ils doivent prêter spontanément leur concours, sans attendre qu'ils en soient requis, à ceux de leurs collègues ou d'un autre service qui seraient engagés dans une opération quelconque.

Obéissance, Subordination. — Ils doivent obéir immédiatement et ponctuellement aux ordres qui leur sont donnés par leurs supérieurs. Ils réclament ensuite s'ils croient avoir été lésés dans leurs droits ou dans leurs intérêts.

Tout acte d'insubordination est sévèrement réprimé.

Marques extérieures de respect. — Les agents de police en tenue de service doivent saluer militairement.

Les marques extérieures de respect consistent non seulement dans l'exécution du salut, mais encore et surtout dans l'attitude correcte qui doit être observée pour saluer.

Le salut crée entre les agents de police et leurs supérieurs une sorte de lien où les sentiments d'affection et de dévouement se mêlent au respect, constituant ainsi une véritable force morale.

Les agents de police doivent le salut :

1° Au Gouverneur Général ;

2° Au Gouverneur de la Cochinchine.

3° Au Président du Conseil Colonial ;

4° Aux Maires de Saigon et de Cholon:

5° Au Procureur Général et au Procureur de la République ;

6° Aux Généraux et Amiraux en uniforme, au Commandant de la Marine

A cet effet, ils doivent s'appliquer à connaître toutes les personnes qui ont droit à leur salut de façon à ne commettre aucune omission qui pourrait être prise pour une impolitesse.

Discipline. — Les fautes contre la discipline sont :

1° Le refus d'obéissance ;

2° Les murmures, mauvais propos, signes de mécontentement envers les supérieurs, le manquement au respect qui leur est dû.

3° Les dérèglements de conduite et l'habitude de contracter des dettes ;

4° les querelles, soit avec les collègues, soit avec les habitants ;

5° L'ivresse ;

6° Le manquement aux appels ;

7° L'absence non motivée ;

8° Les infractions aux règlements sur la discipline ou sur les différentes parties du service.

9° Enfin, tout ce qui, dans la conduite ou dans la vie habituelle de l'agent, s'écarte de l'ordre ou de l'esprit de déférence que le subordonné doit à ses Chefs.

Interdictions. — Lorsqu'ils sont en uniforme, que ce soit pendant ou en dehors du service, il est expressément défendu aux agents de police :

1° D'entrer dans les boutiques pour y faire des achats ;

2° De pénétrer dans les établissements publics à moins qu'ils n'y soient appelés pour l'exercice immédiat de leur fonctions;

3° De solliciter ou d'accepter, sous aucun prétexte, des billets ou entrées de faveur des Directeurs de Théâtre, Cinémas Concerts et autres lieux publics dans lesquels ils sont de service ;

4° D'y favoriser indûment l'entrée de qui que ce soit ;

5° De s'y attabler, d'y prendre des rafraichissements ou d'y fumer ;

6° D'accepter aucun cadeau ou faveur qui puisse paraître rémunérer une complaisance contraire au bien du service ;

7° De recevoir aucune gratification de qui que ce soit sans autorisation :

8° De causer inutilement sur la voie publique surtout aux filles de mauvaise vie :

9° De porter une tenue négligée.

RÉCOMPENSES. — Il sera accordé des récompenses, ou témoignages de satisfaction, basés sur l'importance de chaque affaire, aux agents ayant couru des dangers, reçu des blessures ou fait preuve de zèle, de dévouement ou d'habileté dans l'exercice de leurs fonctions.

L'agent qui possédera à son actif plusieurs de ces récompenses sera l'objet d'une proposition au choix ou d'une demande de récompense honorifique.

ILOTS. QUARTIERS.—Les agents de police de quartier ou de service d'îlot sur la voie publique, doivent se rendre compte que leur service ne consiste pas à suivre l'itinéraire en désœuvrés ou en curieux mais en observateurs attentifs, de manière à prévenir tous crimes, délits ou contraventions, tout danger ou toute atteinte à l'ordre et à la tranquilité publique.

En outre, chaque agent de police doit s'attacher à connaitre tous les habitants de son îlot, les domestiques qui les servent, afin de pouvoir protéger d'une manière utile leurs personnes et leurs biens.

RAPPORTS AVEC LA POPULATION. — Par leur attitude à la fois ferme et bienveillante, les agents de police doivent amener la population à comprendre que leur présence au milieu d'elle est une protection pour tous, et que leur intervention n'a pour but que la sécurité et le maintien de l'ordre.

POLITESSE. AFFABILITÉ. — Les agents de police doivent se montrer polis et affables avec tout le monde, et, dans aucun cas, il ne leur est permis d'oublier qu'ils ont, comme agents de l'autorité, à remplir des fonctions essentiellement pacifiques.— Il leur est recommandé de ne jamais refuser leur nom à toute personne qui leur en fait la demande, si cette dernière est formulée poliment.

PROTECTION ET ASSISTANCE AU PUBLIC.— En toute circonstance, les agents de police doivent protection et asssistance au public. Il doivent s'empresser de donner aux personnes qui les leur demandent les renseignements nécessaires pour se diriger. A cet effet, ils doivent connaître tous les monuments et voies de la ville ainsi que les diverses administrations.

Lorsqu'un enfant égaré peut indiquer son adresse les agents de police doivent le ramener immédiatement à ses parents, si le domicile de ces derniers ne se trouve pas trop éloigné du point confié à leur surveillance.—Si l'enfant n'habite pas le quartier, ou s'il ne peut indiquer sa demeure, ils doivent le conduire au poste, où le nécessaire sera fait.

Toutes les fois qu'une personne est trouvée blessée ou malade sur la voie publique. et, en général, dans tous les cas d'accident de personne, les agents de police doivent faire transporter immédiatement la personne blessée ou malade. soit dans une pharmacie, soit au poste le plus proche.

Répression. — Dans la répression, tout en appliquant inflexiblement leurs instructions, les agents de police doivent être calmes. maîtres d'eux-mêmes, conserver leur sang-froid et éviter avec soin de se laisser aller à des emportements qui peuvent les rendre inconvenants ou grossiers.— Lorsqu'ils sont obligés d'employer la force, ils doivent le faire avec fermeté et sans irritation.

Ils ne doivent jamais répondre aux coups par des coups. — Tout agent qui, dans l'exercice de ses fonctions violente, frappe, blesse ou injurie une personne, est puni administrativement, sans préjudice des poursuites qui peuvent être exercées contre lui devant les tribunaux. — Il est recommandé aux agents de police de ne jamais faire usage de leurs armes, à moins d'ordres supérieurs et sauf le cas de légitime défense.

Contraventions. — Tout particulièrement en matière de contravention, les agents doivent, dans tous les cas où cela est possible, à moins que la mauvaise volonté ne soit évidente, avertir des conséquences auxquelles elle s'expose, toute personne qu'ils voient sur le point de commettre une infraction. Les contraventions doivent être constatées avec discernement et sans passion. La population indigène doit être dans la circonstance plus ménagée encore. C'est parce qu'elle ne réclame pas et n'a pas, la plupart du temps, les moyens de se porter partie civile que la police doit prendre sa plainte en considération et faire droit à ses réclamations, quand elles sont fondées. Plus l'individu est faible et sans défense. plus il a droit à la protection publique.

Ils doivent également se rappeler qu'il n'y a jamais lieu d'arrêter l'auteur d'une contravention. — Les agents de police doivent signaler les obstacles qui peuvent résulter, pour la circulation. des étalages, dépôts, etc.. empiétant outre mesure sur la voie publique. - Ils ne doivent jamais à cet effet, menacer les commerçants européens de contraventions mais faire connaître le cas échéant à leur Commissaire de police le fait qu'ils ont relevé à la charge de ces derniers. Lorsqu'il y a tolérance dans une certaine mesure, ils doivent fermer les yeux, afin de ne pas, par des taquineries mesquines, se créer des ennuis, mais signaler sur leur rapport journalier les infractions qui leur semblent devoir être réprimées.

Connaissance de la langue annamite. — L'agent européen qui ne comprend pas l'indigène et ne peut se faire comprendre par lui sera toujours, pour l'exécution de son service, en présence de nombreuses difficultés.

Il doit donc s'attacher, dès son entrée dans la police, à apprendre la langue annamite. C'est un effort soutenu de six mois environ au bout duquel il trouvera sa récompense, d'abord dans la satisfaction personnelle qu'il en ressentira ensuite dans la réussite des missions dont il pourra être chargé, et, enfin, dans l'avancement plus rapide, pour lui, qui en sera la conséquence.

CONSIGNES GÉNÉRALES

Prise du service. — La plus grande exactitude est exigée quant aux heures de prises de service, de même qu'une tenue parfaite dans la rue.

Les agents devront toujours être rendus au poste 10 minutes avant l'heure qui est fixée par le tableau de service affiché au Commissariat, exclusivement pour eux.

Lorsqu'ils auront pris les ordres du chef de poste, qui s'assure que leur tenue est correcte, les agents doivent se rendre immédiatement dans leur îlot, qu'ils ne peuvent pas abandonner avant d'avoir été relevés.

ATTITUDE DANS LE SERVICE. — Pendant la durée de leur service les agents doivent rester entièrement occupés de leur devoir : rien ne doit échapper à leur vigilance : la rue, l'intérieur des établissements publics doivent être constamment l'objet de leur attention. Ils doivent, pendant tout le temps de leur service, parcourir, sans discontinuer, le quartier placé sous leur surveillance.

Ils ne peuvent s'arrêter pour causer, soit entre eux, soit avec des particuliers, si ce n'est pour les besoins du service. Toute conversation avec les filles publiques leur est formellement interdite. — Leur sont également rigoureusement interdites, toutes recherches et communications, pour le compte des tiers ou de la Presse, de pièces ou de renseignements relatifs aux intérêts privés des familles ou autres. — Pendant leur service les agents surveillent avec soin tous les individus qui peuvent leur paraître suspects, de façon à prévenir tout crime ou délit qui pourrait être commis contre la chose publique les personnes et les biens des particuliers.— Ils devront également veiller à l'exécution des lois et règlements de police et, notamment, de ceux qui ont pour objet la sûreté et la liberté de la voie publique l'hygiène et la salubrité. Toutes les rues, places, passages et impasses, de l'arrondissement où ils servent, doivent leur être familiers — Les agents doivent se rappeler sans cesse que leur premier devoir est de chercher à prévenir les crimes, délits et contraventions et que la police n'est appelée à réprimer que lorsqu'il lui a été impossible d'empêcher.

MALADES OU BLESSÉS SUR LA VOIE PUBLIQUE. — Toutes les fois qu'une personne est trouvée blessée sur la voie publique, ou retirée de l'eau en état de suffocation et, en général, dans toutes les circonstances d'accidents arrivés aux personnes, l'agent fait transporter immédiatement le blessé ou le malade au poste de police le plus voisin, à moins, cependant, que l'état du blessé ne soit trop grave et que son transport puisse amener des complications ; il vaut mieux, alors, attendre l'avis d'un médecin. Mais, dans tous les cas, le Commissaire de police doit être immédiatement prévenu.

Dès qu'un agent a connaissance d'un incendie, il se rend sur le champ au poste le plus voisin et donne tous les détails qu'il a pu recueillir sur l'importance du feu.

Voitures publiques. — Les agents doivent étudier avec soin tous les arrêtés concernant les voitures publiques, de façon à pouvoir renseigner les voyageurs et intervenir, en connaissance de cause, dans les discussions qui peuvent s'élever entre les cochers et leurs clients. Dans le cas où ils auraient à appeler des cochers au

Commissariat, ils s'abstiendront de le faire si ceux-ci conduisent des voyageurs et se contenteront de prendre leur numéro, pour les retrouver, plus tard si cela est nécessaire.

Réquisitions faites par les habitants — Les agents obtempèrent avec empressement aux réquisitions faites par les habitants dans un but de sécurité publique, protègent les citoyens contre toute attaque, amènent à la disposition du Commissaire tout individu qui paraît être l'auteur de crime ou délit, enfin, assurent dans toute l'étendue de l'arrondissement le bon ordre et la tranquillité publique. — Ils prennent toutes mesures nécessaires pour mettre fin aux querelles, aux rixes et aux collisions.

Il se portent, en outre, sur tous les points où des circonstances exceptionnelles motivent leur présence.

Ils doivent leur appui et leur protection à tous ceux qui le réclament pour des causes légitimes, sans distinction de rang, de sexe, de fortune ou d'opinion.

DEVOIRS DES AGENTS DANS L'EXÉCUTION DE LEUR SERVICE. — Il est expressément recommandé aux agents d'accomplir tous les actes de leur service avec justice et impartialité, et jamais avec un sentiment de haine, vengeance ou passion. Ils doivent, autant que possible prévenir les fautes, rechercher avec soin les circonstances atténuantes. Leur politesse, leur calme, joints à une juste fermeté, doivent faire connaître qu'ils ne sont animés d'aucun sentiment hostile, mais, qu'au contraire, ils agissent par devoir et pour le bien du service.

Ils recherchent les malfaiteurs, les vagabonds et les mendiants et ne doivent jamais perdre de vue les individus sans emploi qui paraissent avoir des moyens d'existence dont la source est inconnue Ils doivent s'appliquer, surtout, à pouvoir donner les renseignements qui leur seraient demandés par leurs Chefs sur ces personnes, dont ils doivent connaître les refuges et les habitudes.

RÈGLEMENTS DE POLICE ET ARRÊTÉS MUNICIPAUX EN GÉNÉRAL. — Les agents assurent le maintien de l'ordre et l'exécution des règlements municipaux.

Il doivent veiller à ce qu'on ne dégrade pas les monuments publics, les arbres plantés sur les accotements et dans les jardins publics, empêchent l'affichage sur les arbres des voies publiques. — Ils veillent à ce que les asiatiques ne soient pas illégalement porteurs d'armes blanches ou à feu. Ils s'inquiètent aussi des menées des asiatiques, de leur attitude, de leurs lieux de réunion, et signalent tout ce qui leur paraît anormal.

CAS OÙ LES AGENTS PEUVENT PÉNÉTRER DANS LES HABITATIONS. — Les agents ne doivent pénétrer dans le domicile des habitants qu'en cas d'incendie, d'appel « au secours », « à l'assassin », venant de l'intérieur, ou bien sur la demande de l'habitant. — Cette consigne ne concerne pas les constatations de l'état des immeubles au point de vue hygiène et salubrité ;

dans ce cas, les agents peuvent entrer dans les cours et maisons si le propriétaire les y autorise : en cas de refus, ils doivent en référer au Commissaire.— Dès qu'ils sont amenés, pour un motif quelconque, à s'occuper des asiatiques, ils vérifient si les Chinois sont porteurs de leur carte de séjour de l'année courante et si les Annamites sont munis de leur acquit d'impôt personnel et de leur livret d'ouvrier, s'il y a lieu.

En ce qui concerne les marchands à poste fixe, ils s'assurent qu'ils ont payé leur patente et le droit de stationnement. Ils veillent également à ce que les marchands ambulants soient munis de leur permis de circulation, n'embarrassent pas la voie publique et ne laissent pas d'ordures aux endroits où ils stationnent momentanément. Ils doivent, le moins possible, leur permettre de s'arrêter rue Catinat. — Les marchands ambulants en contravention, s'ils récidivent, sont conduits au poste avec leurs marchandises, qui peuvent être mises en Fourrière.

Maison inhabitées. — Les terrains vagues, les maisons inhabitées, sont constamment visités par les agents de service qui s'assurent également du nom des propriétaires, qu'ils inviteront à clore hermétiquement toutes les ouvertures afin d'éviter que ces terrains et ces maisons ne servent, d'abord, de refuge aux vagabonds et, ensuite, de passage pour s'introduire dans les maisons voisines. — La nuit, les individus rencontrés dans les rues et paraissant suspects, ou porteurs d'objets et d'effets de provenance douteuse, sont conduits au Commissariat pour qu'il soit pris aussitôt des renseignements sur leur personne.

Les agents ne doivent pas oublier qu'ils ont à redoubler de vigilance la nuit, et que ce n'est que par leurs constante attention et leurs fréquentes tournées qu'ils parviendront à éviter bon nombre de vols et à arrêter les malfaiteurs.

Les agents signalent dans leur rapport journalier l'ouverture des établissements publics et des maisons de commerce qui s'installent en ville, de même que leur fermeture pour liquidation, faillite, ou toute autre cause de cessation de commerce.

C'est en s'inspirant des instructions qui précèdent, en ne laissant pas décrier leurs fonctions, et en s'en montrant constamment dignes, que les agents pourront les exercer avec fierté surtout si leurs actions sont toujours d'accord avec le droit. Ils s'assureront ainsi la considération et l'estime des honnêtes gens et seront des serviteurs utiles, zélés et dévoués sur lesquels l'Administration et la Jutice pourront compter.

Saigon, le 21 février 1911.

Le Commissaire Central p. i.
LECŒUR.

Nº 190.
Vu et Approuvé :
Saigon, le 13 mars 1911.
Le Lieutenant-Gouverneur
GOURBEIL.